GOYA

por

José Manuel Pita Andrade

fotografía

Eleonor Domínguez Ramírez

MADRID

1 9 7 7

© 1977 by SILEX
1.ª Edición   1975 © SILEX
I. S. B. N.: 84-85041-12-7
Depósito Legal: M. 10.850-1977
Grafiplás, S. A. - Aranjuez, 7 - Madrid-20
(Printed in Spain)

I N D I C E

INTRODUCCION

Si un cataclismo absurdo borrase el recuerdo del hombre que fue Goya, y respetase sus obras, los críticos sólo encontrarían para ellas el común denominador de su españolismo; las demás cualidades obligaríanles a atribuirlas a artistas varios y hasta divergentes, ni siquiera contemporáneos.

Sánchez Cantón

La frase que antecede, debida a uno de los más profundos conocedores de Goya (1), abre caminos al tratar de expresar, en muy pocas páginas, la naturaleza del más genial pintor que produjo Europa en el siglo XVIII. Ningún artista se mostró bajo estilos tan diversos y hasta contradictorios, surgiendo, para aumentar las paradojas, en uno de los períodos más grises de la pintura española y formándose además en el ambiente más contrario a su temperamento. Por todo ello resulta en extremo complejo sintetizar los perfiles humanos del maestro que, merced a una desaforada personalidad, se desgajó de su tiempo y abrió cauce a nuevas tendencias. Ninguno entre los que nacieron cuando comenzaba la edad contemporánea jugó un papel tan decisivo en la génesis y desarrollo de la pintura actual.

Gracias a su larga existencia, Goya fue testigo de los hechos trascendentes que sirvieron de umbral al mundo de nuestro tiempo. Le tocó presenciar la crisis ideológica que fue prólogo de la Revolución Francesa; seguir de cerca los trágicos episodios que se desarrollaron a partir de la toma de la Bastilla; ser testigo de excepción, a nivel nacional, en la corte corrompida de Carlos IV; vivir las jornadas dramáticas de la guerra de la Independencia; conocer el gobierno tiránico de Fernando VII y elegir finalmente, casi octogenario, el camino del exilio. A caballo entre dos siglos, su vida y sus obras adquieren un especial valor como símbolo. El artista y el hombre se reflejan en cuadros y dibujos de singular importancia testimonial, sin que por ello la visión que ofrece de su tiempo deje de ser personalísima y a veces apasionada. Pero la pasión es en Goya vehículo de un entusiasmo que parece juvenil porque se proyecta hacia el futuro. De ahí la enorme carga de humanidad que contienen sus obras. Ante ellas se presiente una tensión emocional que incita a buscar un trasfondo donde la figura del artista se envuelve con un halo de misterio. Esta realidad que se insinúa y la que se percibe en algunos textos y documentos sirvieron para que la biografía de Goya fuera interpretándose desde el primer momento, bajo el estímulo del romanticismo, con grandes dosis de imaginación. Ningún otro pintor promovió tantas "vidas" noveladas. Al lado de ellas fue alzándose su "leyenda".

En la biografía de Goya hay un hueco para los juicios más dispares. Unos lo recuerdan en los años críticos de la invasión napoleónica como un gran patriota; otros dicen que fue afrancesado. Hay quienes ponderan sus sentimientos religiosos y quienes lo exaltan como un librepensador. Se le ha llamado el pintor "filósofo" llegándose a descubrir en sus obras los más extraños signos para encubrir sus pensamientos. Y por reacción contra estas ideas se ha querido cargar el acento en la ramplonería que cabe reconocer a través de los temas de algunos grabados suyos. Sus relaciones con la Duquesa de Alba dieron pábulo a las más pintorescas aventuras. Las más contradictorias posturas han sido adoptadas no sólo por los "noveladores" sino por críticos solventes. La polémica es posible porque si bien conocemos mucho de la existencia de Goya se nos escapan aspectos fundamentales de su personalidad.

El epistolario ha sido publicado hasta ahora fragmentariamente y, lo que es más grave, suprimiendo párrafos en sus cartas que podrían modificar la imagen del artista fabricada por el biógrafo. Así ocurrió, por ejemplo, con las noticias que escribió Francisco Zapater utilizando la correspondencia del pintor a su tío Martín. Es cierto que este importante folleto pretendía, en 1868, combatir las obras de Mantheron e Iriarte impresas en Francia en 1858 y en 1867. Como observa con razón Lafuente Ferrari en un magistral estudio, los dos escritores franceses, "verdaderos iniciadores de la bibliografía goyesca han sido hasta ahora las cabezas de turco contra las que arremeten los biógrafos españoles, polemizantes más atentos a lanzarse sobre sus pintorescos errores que a agradecer las noticias dignas de fe que incluyeron sobre el maestro y que contribuyeron a salvar inestimables recuerdos, que sin ellos se hubieran perdido" (2).

Si los críticos y biógrafos de Goya se expresaron muchas veces en términos apasionados fue porque con él asistimos a una trascendental subversión de valores que afectó de un modo esencial al concepto del arte. Pero estos autores se interesaron sobre todo por las actitudes extraartísticas adoptadas por el maestro ante las corrientes ideológicas de su tiempo. Los franceses presentan a Goya como crítico de la sociedad de su tiempo. Iriarte, según Lafuente, hizo de nuestro artista la "encarnación del espíritu revolucionario... una especie de Rousseau español; con espíritu un tanto ligero, inaugura su obra diciendo que quiere demostrar la parte que tuvo el Goya filosófico en el movimiento ideológico de su siglo" (3). Este modo de interpretar la personalidad de un hombre que fue por encima de todo pintor no impide reseñar tempranos juicios, allende los Pirineos, desde ángulos puramente artísticos. Dejando a un lado los de Viardot (sólo dos lustros posterior a la muerte de Goya) y Teófilo Gautier, recojamos algunas frases del gran crítico y poeta Baudelaire: "El gran mérito de Goya consiste en crear monstruos verosímiles. Sus monstruos nacen viables, armónicos. Nadie se ha adentrado más que Goya en el sentimiento de lo absurdo posible. Todas esas contorsiones, esos rostros bestiales, esas muecas diabólicas, están penetradas de humanidad... El punto de unión entre lo real y lo fantástico es imposible de aprehender; en una vaga frontera que el analista más sutil no sabría trazar; de tal modo es el arte trascendente y natural al mismo tiempo" (4).

Aunque en España la imagen de Goya se presentó al principio con trazos conservadores gracias a Zapater, no deja de ser curioso un *Calendario civil... con los santos mártires defensores de la Independencia y de la Libertad...* impreso en Madrid en 1869, en el que figuraba "San Francisco Goya y Lucientes, célebre pintor e insigne patriota... una de las víctimas más ilustres del reinado despótico de Fernando VII"; así quedó canonizado nuestro pintor según nos hizo saber Lafuente (5). A este texto podrían agregares otros decimonónicos, aparecidos en España con diversos matices. No hay espacio aquí para juzgar obras como las de Cruzada Villaamil (1860), Lefort (1887), Conde de la Viñaza (1887) y Araujo (1896). Digamos que, tras una gran exposición monográfica celebrada en Madrid en 1900, ven la luz continuamente trabajos que sitúan en un primer plano la personalidad del genial aragonés. La conmemoración de los centenarios de la muerte (1928) y del nacimiento (1946) fueron buena ocasión para exposiciones y estudios de gran interés. En el mundo entero no cesa de celebrarse al artista por tantos motivos excepcional (6).

Como a Goya le sonrió la fama, ya en vida tuvo que rodearse de discípulos y de ayudantes que más de una vez debieron de colaborar en la realización de sus obras. Después de su muerte surgieron los imitadores. En España los más dignos fueron los que supieron desarrollar la pintura de "veta brava" con técnica llena de soltura y temática que contaba con el directo antecedente de los cuadros de género del maestro. En un plano inferior y ruín están las falsificaciones que surgieron desde el siglo XIX al socaire del entusiasmo que provocaban sus pinturas. En todo caso no se ha quebrado ni por un instante la actualidad de Goya. Al analizar su vida y su obra es indispensable, no sólo tener en cuenta los testimonios documentales (fueron muy importantes algunos hallazgos realizados en las últimas décadas), sino juicios críticos de quienes como Ortega y Gasset, a pesar de vivir al margen de la historia del Arte, se sintieron atraídos por la arrebatadora personalidad del artista (7).

PERSONALIDAD HUMANA Y ARTISTICA

Resulta aleccionador desgranar la vida de Goya durante más de ocho décadas para percibir la presencia del hombre de carne y hueso, con sus caprichos y debilidades, con sus afanes por encumbrarse y disfrutar los bienes materiales que va alcanzando, con sus rebeldías ocasionales y con sus cesiones a los halagos de la fortuna. Aunque desdeñemos lo legendario será útil, en su momento, evocarlo. Y también valdrá la pena medir la trascendencia que tuvieron las circunstancias sobre sus obras. Las cartas a su amigo Zapater rezuman a menudo inconformismo con su época. Los inauditos virajes, invenciones y búsquedas que se manifiestan en pinturas, dibujos y grabados dan la mejor medida del genio.

Nacimiento y formación (1746-1771)

El 30 de marzo de 1746 nació en Fuendetodos, un villorrio de la provincia de Zaragoza, Francisco de Goya y Lucientes. Su padre, José, vecino de la capital, era dorador. Su madre tenía parientes labradores en aquel pueblo. Se desconoce la razón de aquel traslado y el tiempo que duró. Pero fue en aquellas tierras de secano donde, según la leyenda, se despertó, precozmente, su instinto artístico. Se dice que a los doce años decoró el relicario de la Iglesia. A los catorce estaba ya en Zaragoza y tal vez por entonces iniciaría su aprendizaje con José Luzán, modesto pintor que se distinguió como maestro de artistas. En 1763 Goya se encontraba ya en Madrid.

El 4 de diciembre se consigna su nombre en las actas de la Real Academia de San Fernando como aspirante a una de las cinco pensiones a Roma; pero los premios fueron para otros concursantes mediocres. La Academia le fue esquiva nuevamente en 1766 y tal vez con razón; porque mal podía ajustarse el temperamento del genio a unos disparatados temas de examen. El traslado de Aragón a Castilla sirvió, sin embargo, para ampliar el horizonte vital de Goya. Llegó a la corte poco tiempo después de la proclamación de Carlos III como rey de España. El monarca, en sus años de Nápoles, se había sentido interesado por las corrientes neoclásicas. Durante la década del sesenta y en parte gracias a su influjo, las creaciones surgidas en torno a la corte tenían que seguir muy de cerca unas recetas rigoristas que trataban de traducir las pintorescas pruebas académicas. Al rememorar el ambiente artístico cumple evocar la presencia en Madrid de dos pintores contrapuestos: el veneciano Juan Bautista Tiépolo, cargado de lirismo barroco, y el bohemio Antón Rafael Mengs, con renombre y poderes que le permitirían imponer todos los dogmatismos del neoclasicismo.

El contacto con el ambiente de Madrid quedó interrumpido por la estancia en Italia. Piensa Sánchez Cantón que debió realizar su primera salida de España entre 1769 y 1771. Por el impacto que dejaron en nuestro pintor algunos cuadros franceses sospecha que el viaje debió hacerse por tierra. Así consiguió alcanzar la meta brindada por los premios de la Academia de San Fernando. Una declaración suya confirma la presencia "en Roma, adonde se condujo y existió a sus expensas". Este dato se refrenda por el envío a la Academia de Parma de un cuadro, *Aníbal contemplando los Alpes,* que no obtuvo premio, pero al menos consiguió seis votos. Algunas obras conocidas de esta breve etapa italiana consienten imaginar cómo pudo vivir Goya; pero no revelan mano maestra, sino a un artista en formación, permeable a los influjos del "settecento" italiano y vacilante entre la estética barroca y neoclásica (8).

El camino hacia la fama (1771-1780)

La cota de los veinticinco años puede servirnos como punto de partida de una trayectoria ascendente, interrumpida por algunas crisis que serían fecundas para medir su genio creador. En octubre de 1771 se le encargaron unos bocetos para la bóveda del coreto de la Basílica del Pilar de Zaragoza, permaneciendo tres años en tierras aragonesas aunque con un paréntesis madrileño, en 1773, en que se casa en Madrid con Josefa Bayeu, hermana de Francisco, pintor que debió contribuir poderosamente a que nuestro artista hallase acomodo definitivo en la Corte. A los encargos para el templo del Pilar hay que sumar otros con destino a la Cartuja de Aula Dei, al Palacio de los condes de Gabarra, al de Sobradiel y a las iglesias de Muel y Remolinos. Todas estas pinturas, salvo excepciones muy cualificadas, no son trascendentales dentro de la producción goyesca.

La actividad en Madrid se inauguró con el retrato del *Conde de Miranda* del Museo Lázaro Galdiano y sobre todo con la incorporación como pintor de cartones a la Real Fábrica de Tapices. Gracias a las investigaciones de

Valentín de Sambricio tenemos puntual noticia de una labor distribuida en varios períodos de desigual duración desde 1774 a 1792. Los buenos oficios de su cuñado pudieron pesar positivamente para que Goya encontrara acomodo en las regias manufacturas; pero no debió faltar tampoco la intervención favorable de Mengs. La documentación conservada consiente conocer cómo fue abriéndose camino Goya en medio de otros artistas mediocres; pero sería injusto decir que desde el primer momento sus pinturas destacaron por la calidad. Hay notables diferencias de unos cartones a otros, acusándose con el paso de los años una mayor maestría en la pincelada. Suman en total sesenta y tres, sin contar algunas réplicas de bocetos (9). Al justipreciar esta tarea no se olvide que tuvo mucho de secundario porque el cartón era sólo un medio para alcanzar, mediante los hilos del tapiz, la obra definitiva. La temática costumbrista agradaría seguramente a Goya permitiéndole expresarse muchas veces con gran vitalidad. El marcado acento popular de las escenas tenían amplios antecedentes en la pintura flamenca del siglo XVII. Cuando Jacobo Vandergoten el Viejo inició su actividad en Madrid, en 1720, por deseo de Felipe V, los telares realizaron sobre todo copias de Teniers y Wouwermans. Entre las obras anteriores a 1780, *La caza de la codorniz* figura entre los primeros cartones realizados por Goya, que se entregó en 1775; dos años posterior es la escena de *El Quitasol,* reproducida aquí.

En la trayectoria artística de esta década debió tener importancia el "descubrimiento" de Velázquez. La convalecencia de una enfermedad, padecida en 1778, fue aprovechada, según sospecha Sánchez Cantón, para grabar algunos lienzos famosos del pintor sevillano. Cabe cerrar este período con la primera tentativa para convertirse en pintor de cámara, que tuvo como prólogo un encuentro con la familia real. En enero de 1779 escribe a Zapater: "Si estuviera más despacio te contaría lo que me honró el Rey y el Príncipe y la Princesa, que por la gracia de Dios me proporcionó enseñarlas cuatro cuadros, y les besé la mano que aun no había tenido tanta dicha jamás, y te digo que no podía desear más cuanto a gustarles mis obras, según el gusto que tuvieron de verlas y las satisfacciones que logré con el Rey mucho más con sus Altezas". La carta termina con estas significativas palabras: "Ahora empiezo a tener enemigos mayores y con mayor encono". En junio murió en Roma Mengs y un mes más tarde solicitó Goya la plaza de pintor de cámara vacante. Sin embargo, como respuesta a aquella instancia, y aun reconociéndose ser Goya "un profesor aplicado, de talento y espíritu, que promete mayores progresos en su arte" se propuso que "no habiendo mayor urgencia ni notarse escasez de pintores... para el real servicio... este interesado puede continuar en las pinturas que sirven para la fábrica de tapices procurando en ellas esmerarse" (10).

El triunfo entre los nobles y los reyes (1780-1795)

El 7 de mayo de 1780 tuvo Goya una compensación del revés sufrido el año anterior al ser nombrado miembro de la Academia de San Fernando. Pintó, con este motivo, *El Crucificado* del Museo del Prado, absolutamente identificado con la doctrina neoclásica y muy próximo, estilísticamente, a Mengs. ¿Quiso con este lienzo rendir homenaje a la memoria de su protector? El honor recibido no impidió que sufriera el prestigio de Goya al realizar nuevas pinturas para el Pilar de Zaragoza. Los canónigos no se sintieron satisfechos con los bocetos que presentó para las pechinas de las bóvedas. Una carta del 25 de julio de 1781 a Zapater nos informa de un nuevo trabajo para la iglesia de San Francisco el Grande de Madrid que podía servir como desquite del de Zaragoza. En ella se traslucen las tensiones, los entusiasmos y, por qué no decirlo también, el orgullo en que se desenvolvía la existencia de Goya. Sin embargo, el cuadro, *San Bernardino de Siena predicando ante Alfonso V de Aragón,* no fue gran cosa, como llegó a comentar el mismo ministro Floridablanca; pero sobre él conocemos un precioso documento que nos sirve para valorar las ideas estéticas de Goya en aquel instante: alude a lo estrecho de la proporción del cuadro y a la necesidad de desarrollar su composición en sentido piramidal (11). Otras obras religiosas pintadas poco después, como las del Colegio de Calatrava en Salamanca (desgraciadamente perdidas), las de Valdemoro, Valladolid y Valencia completarían la imagen de Goya como pintor de lienzos de devoción en esta etapa alcanzando valores que no conviene desdeñar.

En 1783 Goya debió sentir íntima satisfacción cuando se le brindó la oportunidad de retratar al *Conde de Floridablanca*; la obra, en la que aparece el artista mostrando un pequeño cuadro al ministro, resultó muy artificiosa. Más trascendencia pudo tener en aquel mismo año la relación iniciada con un infortunado hermano del rey, el infante Don Luis, apartado de la corte por realizar un matrimonio morganático, a los 49 años, con Doña María Teresa Vallabriga que tenía 17. Su vida discurrió entre Arenas de San Pedro, Boadilla del Monte y Chinchón. El cuadro que evoca la familia del Infante tiene un carácter anticortesano, profundamente burgués; es el primer anuncio de lo que iba a ser la clase media española en el siglo XIX.

Goya siguió ampliando la nómina de clientes y amigos retratando al famoso arquitecto *Don Ventura Rodríguez* y trabajando para diversas casas nobiliarias, destacando entre todas la ducal de Osuna. Sánchez Cantón fija "en 1785, el comienzo de la etapa más brillante de la vida de Goya; la hora optimista" (12). La relación con los duques se tradujo en un importante conjunto de cuadros que decoraron un hermoso palacete en la "Alameda de Osuna".

La "hora optimista" de Goya viene señalada por un ascenso en la Academia de San Fernando, ya que en 1785 fue nombrado Teniente-Director de Pintura. Así se irían borrando los amargos recuerdos de Zaragoza y aun las horas tristes vividas en 1782 con motivo de la muerte de su padre. Vale la pena evocar un momento de su vida privada, a través de una carta dirigida a Zapater, porque en ella se percibe la pesadumbre por las locuras cometidas en la juventud. Al dar el pésame a su amigo por la muerte de una hermana, decía: "Me ha consolado el juicio que tengo hecho de que era muy buena y se habrá hallado un buen pedazo de gloria, lo que nosotros, que hemos sido tan tunantes, necesitamos enmendar en el tiempo que nos queda". En cuanto a las aficiones que le dominan en estos años, debe ocupar un primer plano la de la caza. Consta que acompañó dos veces al infante Don Luis y por otros indicios sabemos que sus excursiones cinegéticas eran frecuentísimas.

Un ascenso importante se produjo en 1786. En carta del 7 de julio comunicaba con alborozo a su amigo: "Ya soy pintor del rey con 15.000 reales...". Así iba alcanzando sin pausa honores. A todas estas cosas hay que añadir la prosperidad económica. Es lógico que se sintiera con ánimos para mejorar de casa y para cambiar el coche de dos ruedas (un "birlocho" con el que había tenido una caída que le dejó momentáneamente cojo) por una berlina con cuatro ruedas, tirada por dos mulas.

No vamos a fatigar al lector detallando la actividad de Goya en estos años. Siguen multiplicándose los encargos y los clientes entre las familias nobles, instituciones de tanta categoría como el Banco de San Carlos, conventos e iglesias. Ahora tiene nombre y prestigio más que suficientes. Conociendo su querencia hacia la realeza y la nobleza podemos imaginar la satisfacción con que pintaría el velazqueño retrato de *Carlos III* que se conserva en el Banco de España. El 14 de diciembre de 1788 murió el rey y el 25 de abril del año siguiente Goya alcanzó el grado de pintor de cámara concedido de buena gana por Carlos IV y María Luisa. Así, en aquel año decisivo de la historia del mundo, el de la toma de la Bastilla, logró el título de más alto rango a que podía aspirar un artista cortesano.

Antes de aludir a una grave crisis que mina su salud convendrá recordar la actividad, durante el período que nos ocupa, como pintor de la Real Fábrica de Tapices. Desde 1786 a 1792 registramos 24 cartones. Entre ellos se encuentran los más famosos. Aquí se reproduce *La Gallina Ciega.* Pero citaremos además la composición afortunada de *La Pradera de San Isidro,* sólo conocida a través de un boceto. Las notas satíricas que muestra la escena de *La Boda,* la animación de *El pelele* y *Los Zancos,* los valores que subyacen (como antecedente de la pintura social, con un contrapunto burlesco) en *El albañil herido,* a gran tamaño, y en el bocetillo de *El albañil borracho,* aseguran un enriquecimiento de la temática. También desde el punto de vista técnico cabría anotar un mayor desenfado al utilizar los colores.

En 1793 llegamos a una fecha crítica en la vida de Goya: la de la enfermedad que le deja sordo. Esta no cabe duda que tuvo capital importancia entre las diversas que padeció y que Sánchez Cantón estudió con acierto (13). Es más que probable que su vida corriera entonces un grave riesgo de extinguirse. La gravedad del mal quedó patentizada por una larguísima ausencia de la Academia: desde el 2 de setiembre de 1792 hasta el 11 de julio del año siguiente. Por un lado la enfermedad aparece vinculada a una etapa tensa de su vida, con viajes a Andalucía que sirven al parecer para buscar remedio a su quebrantada salud; por otra hay indicios de sucesos cuya razón última no conseguimos alcanzar, pero que incitan a sospechar que se habían reproducido las locuras juveniles lamentadas once años atrás. Intrigan las circunstancias de esta enfermedad y extraña el tono de una carta de Zapater a Francisco Bayeu: "A Goya... le ha precipitado su propia irreflexión; pero ya es preciso mirarlo con la compasión que exige su desgracia, y como un hombre enfermo a quien es menester procurar todos los alivios, como tú has hecho".

El mal o los males que aquejaron al artista tuvieron una consecuencia grave que repercutió en su vida y hasta en sus obras: la sordera. La pérdida del oído inició una violenta separación de Goya del mundo que le rodeaba. Aunque le quedasen muchos años de vida, desde ahora debió producirse un grave viraje en su carácter que tiñó su modo de sentir el arte en el futuro; debieron acentuarse los arranques de mal genio, de irritabilidad, de inconformismo. Mas de un modo peregrino la enfermedad enlaza con otro suceso que dio pábulo a la fantasía de muchos biógrafos. Se trata de una aventura desmesurada por la leyenda pero de cuya base real no cabe dudar; la que abre un nuevo y breve capítulo en la vida del pintor.

El encuentro con la Duquesa de Alba (1795-1797)

El análisis minucioso e imparcial de los hechos defraudaría posiblemente a muchos lectores. En la sugestiva monografía de Ezquerra del Bayo, *La Duquesa de Alba y Goya,* se han establecido muchas hipótesis que no son más que eso; los enigmas siguen a pesar de varios intentos posteriores para desvelarlos. Ayudará a centrar el tema el recuerdo apretado de María del Pilar Teresa Cayetana de Silva y Alvarez de Toledo.

Bautizada en Madrid, en 1762 (recibió nada menos que 31 nombres), fue hija del heredero del ducado de Alba, el duque de Huéscar, muerto antes que sus padres; su abuelo, don Fernando de Silva y Alvarez de Toledo, XII Duque de Alba, tuvo extraordinario relieve en la corte de Fernando VI y de Carlos III, jugando importante papel como embajador de nuestros reyes en París. La educación de la XIII Duquesa fue deficiente. Es casi seguro que no asistió a colegio alguno y en su hogar no encontró altos ejemplos. Como compañeros de juego debió tener a los hijos de los criados; estas infantiles relaciones pueden explicar su constante simpatía por todo lo popular, su afecto hacia las clases humildes. El escenario de su infancia no fue sólo Madrid, sino Piedrahita, villa de la sierra de Gredos donde su abuelo acababa de construir un bello palacio sobre las ruinas del antiguo castillo. En 1770, cuando tenía ocho años, murió su padre convirtiéndose su porvenir en grave preocupación para su abuelo. A los once años se decidió su boda con el marqués de Villafranca y en 1775 se realizó la ceremonia celebrándose a la vez un nuevo matrimonio de su madre con el conde de Fuentes.

A los trece años encontramos a nuestra duquesita casada con un hombre que no podía ser más contrario a sus aficiones. A ella le gustaban las fiestas populares, los bailes, la vida agitada. El prefería una existencia tranquila, dedicada al cultivo de la música; se sabe que organizó conciertos con el infante don Gabriel y mantuvo correspondencia con Haydn. Con estos contrastes de caracteres es fácil comprender que el matrimonio viviría muy distante. Abundan las anécdotas que permiten sospechar la conducta frívola de la duquesa, de cuyos atractivos nos hablan diversos textos. En 1767 murió el abuelo de Cayetana heredando numerosos títulos y cuantiosa fortuna. A lo largo de varios lustros hemos de imaginar a la XIII Duquesa no sólo ocupando un papel de primer rango en la vida social (destacaría en las fastuosas reuniones de la Alameda de Osuna), sino asistiendo a fiestas de carácter popular, a las que era muy aficionada. Distanciada de la familia real su fama trascendía sin embargo a todas partes. Langle escribía en 1784: "La Duquesa de Alba no tiene un solo cabello que no inspire deseos. Nada en el mundo es tan hermoso como ella... cuando ella pasa todo el mundo se asoma a las ventanas y hasta los niños dejan sus juegos para mirarla". Cinco años más tarde Moldenhaver se refería a la ligereza de sus costumbres. Lady Holland hablaba de su "belleza, popularidad, gracia, riqueza y linaje". ¿Para qué añadir el testimonio laudatorio de otros poetas de la época como Quintana y Meléndez Valdés? Tal vez un escritor de segunda fila tuviese intenciones adulatorias al considerarla "nueva Venus de España". Pero de que era guapa y atractiva no podemos tener la menor duda (14).

A pesar de todos los razonamientos optimistas de Ezquerra del Bayo, la primera relación indudable entre Goya y la Duquesa no se encuentra hasta 1795, cuando el pintor iba a cumplir cincuenta años y Cayetana treinta y tres. El más antiguo documento, de aquel año, es una carta a Zapater, fechada, por broma, en Londres y en 1800. En ella se lee: "Más te valía venir a ayudarme a pintar a la de Alba, que ayer se me metió en el estudio a que la pintase la cabeza y se salió con ello...; también la he de retratar de cuerpo entero..." Tras la pintura de aquella cabeza debió venir, pues, el magnífico lienzo del Palacio de Liria reproducido aquí. En 1796 se produjo un acontecimiento inesperado: la muerte del marqués de Villafranca. Al enviudar la Duquesa se trasladó a una finca suya, cerca de Sanlúcar de Barrameda; nos referimos al famoso Coto de Doñana, el espléndido parque célebre por las aves que allí anidan. Sánchez Cantón pudo documentar la presencia de Goya en aquel lugar, aunque no ha sido factible aclarar cuánto duró la ausencia de Madrid. Su nombre no figura en las juntas de la Academia desde el 2 de octubre de 1796 hasta el 30 de abril del año siguiente en que "hace dimisión de su empleo de Director de la Pintura a causa de sus continuados achaques y especialmente de la profunda sordera que de resultas le ha quedado" (15).

¿Fue Goya a Sanlúcar sólo para buscar un lugar apacible donde reponer su quebrantada salud? No hace falta ser maldiciente para imaginar otros estímulos de tipo sentimental. Los dibujos conservados de aquel viaje sugieren algo más que jornadas llenas de serena paz. En varios aparece de manera indubitable la duquesa de Alba, algunas veces representada con íntimo desenfado, otras (*El sueño de la mentira y la inconstancia, Volaverunt...*) con alas de mariposa. ¿Serán estas escenas símbolo de un desengaño amoroso? Los indicios llevan a sospechar una frustración.

Recordar los dibujos del llamado album de Sanlúcar equivale a iniciar la historia de la ejecución de *Los Caprichos,* que, partiendo de aquellos apuntes y enriqueciéndose con otros, se grabaron en los últimos años del siglo. Creo que el clima psicológico que ciñó la vida de Goya a orillas del Guadalquivir puede justificar mejor que nada una labor que nos introduce en un mundo cargado de visiones, de sátiras, donde se rompen todos los principios de la estética neoclásica para penetrar en las insondables esferas de los sueños y de las pesadillas. Tal vez haya que conectar estos dibujos con textos de la época dejando aparte las intenciones moralizantes. Coetáneos de Goya como los fabulistas Samaniego e Iriarte podrían ayudar a comprender en algún caso esta temática. Los ejemplos que se reproducen aquí son bien expresivos.

Goya debió consolar a la duquesa de Alba de la leve pena que le produjo la muerte de su esposo. Pero la fuerte personalidad de ambos caracteres invita a pensar que la convivencia no se prolongó durante mucho tiempo y hasta debió interrumpirse de modo violento. Aun represando la imaginación existen sólidos motivos para aventurar como verosímil un enredo amoroso, breve y episódico, sin que tengan fundamento las conjeturas sobre una pasión prolongada truncada, violentamente, por la muerte de Cayetana. Lo que sabemos sobre la vida del artista en los últimos años del siglo no se compagina con la existencia de la duquesa en el último lustro de su vida. Después de Sanlúcar hay alusiones en las cartas de la Reina a posibles devaneos de Godoy; y sobre todo son fuertes las sospechas de unos amores con el Teniente General don Antonio Cornel. En 1800 la fama de la Duquesa había decaído mucho. Podemos imaginar con qué satisfacción María Luisa escribiría a su favorito Godoy: "La de Alba... está hecha una piltrafa". Murió a los cuarenta años, el 23 de julio de 1802. Carlos IV mandó abrir una investigación para averiguar si había sido envenenada. Al ser levantado casi siglo y medio más tarde el cadáver, los análisis demostraron que no quedaban en él restos de arsénico (16).

Después de lo que antecede, el lector se sentirá defraudado ya que nada se ha dicho de las *Majas* en relación con la Duquesa; seguramente nada tienen que ver con ella. Por el estilo podrían fecharse, todo lo más, hacia 1800. Quede pues la aventura encajada, como mucho, entre 1795 y 1797, abriéndose pictóricamente con el retrato del Palacio de Liria y cerrándose con otro, bellísimo, conservado en la Hispanic Society de Nueva York. Nunca se conocerán las borrascas de estos amoríos que probablemente tuvieron un sereno final.

El conflicto entre dos siglos (1797-1808)

Si volvemos a tomar el hilo de la vida de Goya partiremos de 1797 porque algunos retratos de este año nos hacen ver que había vuelto al trabajo aunque, al margen de todos los problemas sentimentales, su salud no fuera buena. El 22 de marzo de 1798 sabemos, por una carta, que estaba enfermo y su sordera debía ser total según se desprende de las actas de la Academia. Las experiencias vividas debieron de producir un estado de crisis reflejado en sus obras: la etapa que nos ocupa se inicia con pinturas de brujas, que realiza para la condesa-duquesa de Benavente, y obras religiosas de tanto empeño como la decoración de las bóvedas de San Antonio de la Florida. Los asuntos, tan dispares, presentan un punto de coincidencia en la técnica desgarrada. Todo nos ayuda a presentir una aguda crisis moral que se funde, por si fuera poco, con la política, en una España que vive las vísperas de los más trágicos acontecimientos.

Para enmarcar en estos años la personalidad de Goya, es indispensable presentar en los términos más sinceros el ambiente político. Tras el triunfo de la Revolución Francesa la figura de Napoleón se había impuesto sobre toda Europa actuando en la corte española a través de Godoy, que sueña en convertirse en rey de los Algarves. En el interior del país el panorama no puede ser más pesimista: Carlos IV deja que su esposa María Luisa y su favorito rijan los destinos de una España mal gobernada en medio de continuas intrigas palaciegas. El príncipe Fernando centra las esperanzas de algunos españoles de buena fe y conspira descaradamente contra su padre. Así se suceden una serie de años de penoso recuerdo que culminan con el motín de Aranjuez del 19 de marzo de 1808. Godoy es derrocado cuando la intervención de las tropas francesas en los destinos de nuestra historia resulta inevitable. La inepcia de nuestros gobernantes traerá como consecuencia el levantamiento del pueblo español el 2 de mayo.

Goya, con su sordera y sus alifafes, no fue ajeno a esta situación que sin duda debió deprimirle y pesar sobre sus actitudes futuras. El cargo de pintor de cámara era bueno para seguir de cerca las intrigas palaciegas. Paradójicamente, no dejaría de halagarle el saberse profundamente estimado por aquellos monarcas y su indigno ministro. María Luisa habla del pintor en sus cartas en términos casi familiares. Nuestro hombre, que no fue insensible a las vanidades cortesanas, debió sentirse más que incómodo en un ambiente donde se le honraba, pero que contradecía su íntimo modo de pensar. La posición ideológica de Goya ha de analizarse en función de todas las corrientes que dieron vida a la Revolución Francesa y cuyos fermentos actuaron poderosamente en España sobre todo en ciertos círculos intelectuales a los que el pintor no fue ajeno. Un hombre de talla excepcional, Jovellanos, amigo suyo y víctima de las mezquindades de Godoy, muestra una postura semejante. Cuanto va dicho no obsta para que los años del siglo XIX que precedieron a la guerra de la Independencia fuesen de "bienestar fecundo" utilizando las palabras de Sánchez Cantón. Compró una casa en 1803 y dotó generosamente a su hijo Javier cuando se casó. La hacienda de Goya debió afianzarse en estos años por la ejecución de una crecida serie de retratos (17).

En este trascendental período se destapa definitivamente la genialidad de Goya. La madurez plena y sobre todo su inquietud creadora, le llevan a convertirse en el gran iniciador de la pintura contemporánea. Si la enfermedad que le dejó sordo le hubiera arrebatado la vida, su puesto en la historia del arte habría quedado en lugar muy secundario. Es después de los cincuenta cuando surgen las obras más incisivas, las más cargadas de imaginación, las que acusan mejor los increíbles virajes estilísticos de que hablábamos al principio.

Tras los devaneos con la de Alba evoquemos, a título de tarea purificadora, algunas obras religiosas. ¿Por qué no vincular a su estancia andaluza y como epílogo de ella, las pinturas de la Santa Cueva de Cádiz? Estos lienzos constituyen, incluso por su forma, el mejor prólogo de la admirable labor realizada en la ermita de San Antonio de la Florida en 1798, donde Goya se consagra como excepcional decorador, con incisivas y expresivas figuras. Otras obras religiosas cargadas de valores pictóricos son el *Papa San Gregorio,* que se guarda en el Museo Romántico, y *El Prendimiento* de la Catedral de Toledo. Al restaurarse el lienzo hace unos años se pusieron de manifiesto sus extraordinarias calidades cromáticas; el rostro de Cristo, impasible entre una serie de cabezas gesticulantes y deformes, nos introduce en el extraño mundo de seres monstruosos que acaparan desde ahora la atención del artista; la luz, que procede de la izquierda, tiene una extraña irrealidad.

Entrando en los asuntos profanos convendrá insistir en las coincidencias técnicas con las obras de tipo religioso. A los grandes cartones para tapices suceden ahora cuadritos de pequeño tamaño entre los que ocupan lugar destacado los pintados para la Alameda de Osuna. Realmente admirables son las dos escenas de brujas del Museo Lázaro Galdiano, reproducidas aquí. Pero esta temática tuvo su más decisiva plasmación en los dibujos que dieron vida a la serie de aguafuertes conocidos bajo el nombre de *Los Caprichos*. Esta vertiente tan importante de la producción goyesca queda ceñida en la última década del siglo. Con motivo de su enfermedad, el 4 de enero de 1794, había enviado a don Bernardo de Iriarte once pinturas realizadas, según confiesa, "para ocupar la imaginación mortificada en la consideración de mis males". Por entonces pudo abrir planchas de cobre tras los inevitables dibujos previos. Ya sabemos la trascendencia que tuvo el encuentro con la duquesa de Alba para la elaboración del "Album de Sanlúcar". El fruto de la labor de estos años quedó plasmado en los famosos *Caprichos*. La serie se había ultimado en 1797, pero la primera noticia de su aparición consta en un recibo a nombre de la condesa-duquesa de Benavente y fechado dos años más tarde. En un anuncio del "Diario de Madrid", se explica su contenido con estas palabras: "...Persuadido el autor de que la censura de los errores y vicios humanos... puede también ser objeto de la pintura, ha escogido como asuntos proporcionados para su obra, entre la multitud de extravagancias y desaciertos que son comunes a toda sociedad civil, y entre las preocupaciones y embustes vulgares, autorizados por la costumbre, la ignorancia o el interés, aquellos que ha creído más aptos a suministrar materia para el rídiculo y exercitar al mismo tiempo la fantasía del artífice". Bastan estas frases para aclarar el significado de las 80 estampas que forman la colección. Es lógico que su éxito fuese muy grande desde el primer momento y aunque su salida a la calle produjese reacciones negativas, como la denuncia a la Inquisición, la serie contribuyó decisivamente a cimentar la fama del artista fuera de su patria.

Entre los últimos años del siglo XVIII y primeros del XIX fue muy importante la actividad de Goya como retratista. Son admirables testimonios *La Marquesa de Lazán, El Arzobispo Company* y *Leandro Fernández de Moratín,* reproducidos aquí. Recordemos además *El arquitecto Villanueva,* en la Academia de Bellas Artes de San Fernando, y *Jovellanos,* una de las figuras más clarividentes de la época, adquirido por el Museo del Prado. Junto a obras como estas ocupan destacado lugar las que revelan la actividad como pintor de cámara y que tienen, además del subido valor artístico, decisivo interés desde un ángulo histórico. En el último bienio del siglo, en 1799 y 1800, Goya trabajó incansablemente realizando retratos de los reyes a pie y a caballo. En ellos se acredita una vez más el afán de veracidad, sin omitir incluso ciertos rasgos que perjudican a los modelos. Pero el más ambicioso testimonio iconográfico de la realeza se contiene en *La familia de Carlos IV,* pintada en Aranjuez en la primavera de 1800. La obra, que marca un momento de plenitud en la trayectoria artística de Goya, ofrece aleccionador significado histórico (18).

Otros cuadros tienen también fuerza evocadora. El del Príncipe de la Paz, *Godoy,* pintado en 1801, recuerda los sucesos que culminaron en la famosa "Guerra de las naranjas" contra Portugal. Al lado de este lienzo contrasta el que muestra la figura entrañable de su mujer, *La Condesa de Chinchón,* hija del infante don Luis, que vivió en la Corte de Carlos IV una situación profundamente desairada. Goya supo reflejar todo el afecto que sentía hacia su personaje, teñido de melancolía y de timidez. En el círculo de los personajes de la nobleza cabe todavía destacar además los retratos del *Conde de Fernán-Núñez,* y del *Marqués de San Adrián,* con notas de distinción y refinamientos dignos de la mejor pintura inglesa. El retrato fechado en 1805 de *La Marquesa de Santa Cruz,* interpretado dentro de corrientes neoclasicistas, con la figura recostada teniendo una lira (decorada por cierto con la cruz gamada), muestra la misma técnica compositiva que predomina en *Las Majas,* que por razones estilísticas pueden corresponder a este momento.

La crisis de la guerra (1808-1814)

Los años de la Guerra de la Independencia nos sitúan en uno de los períodos más difíciles de valorar de la vida de Goya. Todavía hoy se suele enfocar su actitud ante Napoleón partiendo de la posición ideológica de los biógrafos del artista. Ya Lafuente observó cómo casi desde su muerte fue traído y llevado hacia un bando u otro. Cierto que no hubiera podido discutirse la actitud del pintor ante los franceses si no abundasen testimonios a favor y en contra. Resumamos unos y otros antes de emitir juicio. Los que hacen de Goya un afrancesado pueden aducir la amistad con intelectuales que no sólo simpatizaron, sino que incluso colaboraron con los invasores: así Moratín, Meléndez Valdés, Bravo del Rivero, etc. Goya juró el nuevo régimen cos los cabezas de familia. En 1810 acudió a la Academia de San Fernando para prestar acatamiento al Marqués de Almenara, nombrado protector de ella por el rey José. En 1811 recibió del rey intruso la llamada "Orden Real de España" que los madrileños, humorísticamente, titularon "de la berenjena". Goya estampó su firma, al pie de las palabras "Juro ser siempre fiel al honor y al rey", siguiendo la fórmula estipulada. No puede negarse que entre 1809 y 1810, entre el 23 de diciembre y el 27 de enero, pintó una *Alegoría de Madrid con José I,* por encargo de su amigo don Tadeo Bravo del Rivero, sin que valgan, para justificar esta colaboración, agobios económicos, que no serían demasiado graves. Como pintor de José Bonaparte participó en la selección de cuadros para el gran Museo Napoleón de París. Aún podrían recordarse otras circunstancias en pro de su afrancesamiento.

Pese a todo, terminada la guerra, Goya pudo defenderse sin dificultades en su pliego de descargos. Los que propugnan su patriotismo a ultranza, aciertan a reconocer el escaso valor que pueden tener los juramentos de adhesión a un régimen o a una persona en circunstancias de excepción. También se insiste en el cuidado que tuvo Goya en no llevar públicamente la condecoración que se le había otorgado. Al elegir los cincuenta cuadros que se mandaban a Francia procuró seleccionar los que no se distinguían por su gran calidad. Añádase a esto el hecho indudable de que en aquellos años amargos dibujó y pintó escenas de la guerra vistas del modo más descarnado; aunque cargando más la nota en el sufrimiento y heroismo de los españoles que en las violencias cometidas por los franceses.

Sin acumular otros argumentos en pro o en contra queda claro que mantuvo una actitud indecisa. Ni se enfrentó resueltamente con los invasores, negándose a servirlos, como hizo Jovellanos mientras tuvo vida, ni se manifestó a favor de los afrancesados de manera franca. Goya, por el hecho de ser un pintor genial, no tenía que comportarse necesariamente como un héroe. Sin duda en su posición vacilante jugó un factor de capital importancia: la pugna de dos principios. El que hacía al invasor portador de las ideas liberales con las que simpatizaba y el que le convertía en dominador del pueblo español. ¿Acaso Napoleón no nos ofrece este tipo de contradicciones? ¿No quiso ser el encargado de proyectar en toda Europa las ideas de libertad que terminaron con la Revolución Francesa y que, paradójicamente, querían desarrollarse bajo el signo de la fuerza? No está de más recordar la tan conocida anécdota de Beethoven, modificando la dedicatoria de la Tercera Sinfonía a Bonaparte, por el de Heroica, cuando se enteró que se había convertido en Emperador.

Como fruto de una tremenda crisis espiritual, se comprenden mucho mejor las acciones y reacciones de Goya entre 1808 y 1814. Por otro lado no deja de ser irónico pensar en el premio que recibieron los patriotas por su esforzada lucha: un monarca que, tras felicitar efusivamente a Napoleón por sus victorias en España, regresó a la Península para imponer las más vergonzantes formas absolutistas de gobierno. Los años de la guerra significaron en el ambiente familiar la muerte de Josefa Bayeu, el 20 de junio de 1812, después de haber otorgado un año antes testamento con su marido instituyendo a Francisco Javier, único hijo logrado en el matrimonio, como heredero universal del remanente que quedase de los bienes de cada uno.

Al analizar las obras que corresponden a este período, podrá observarse cómo fueron cobrando vida los cuadros de gran aliento imaginativo; pero algunos retratos demuestran que no dejó de cultivar, aunque de modo atenuado, ese productivo género. En la *Alegoría* antes citada, se contemplaba, dentro de un óvalo, la efigie del intruso (tras varios repintes, hoy sólo se ven las palabras "Dos de mayo"); así se convirtió Goya en pintor de cuatro reyes; antes había concluido un *Retrato ecuestre de Fernando VII,* mientras que en fechas posteriores (1812 y 1814) realizó los, también a caballo, de *Wellington* y *Palafox.* Un cuadro religioso cabe recordar durante la guerra: la *Asunción de la Virgen,* pintado para la iglesia de Chinchón, donde era párroco su hermano Camilo. Los demás responden a otros estímulos. Al refugiarse en sí mismo después del 2 de mayo realizaría las cinco tablitas admirables de la Academia de San Fernando, varias reproducidas y comentadas aquí, en donde se perfila el "pintor de veta brava".

Con todo el capítulo más importante de la producción goyesca en los años de la guerra y en los momentos inmediatamente posteriores a la misma queda integrado por los dibujos, bocetos y lienzos que sirven como vivaz testimonio de la misma; son también estas obras un exponente de una de las más graves crisis morales del artista, ya sexagenario. Los sucesos de la guerra de la Independencia, que dejaron profundo impacto en su ánimo, se plasmaron en su producción artística de modo diverso. Tal vez la crónica más directa de la tragedia deba buscarse en los dibujos, grabados seguramente a partir de 1810, formando una serie de 82 planchas, que componen el ciclo de *Los desastres de la guerra.* Si en los cuadros de género pudo hallar a veces una forma de evasión, en estos diseños se revelaría el dolor ante la lucha desigual del pueblo español contra las tropas francesas, pero objetivado y universalizado. Son un tremendo alegato contra la guerra en sus términos más amplios. No se percibe en ellos la intención de separar en dos bandos a los buenos y a los malos. Se abre paso un nuevo concepto de heroismo y de patriotismo que no se trabaría bien con las posturas artificiosas y teatrales que suelen medrar en tales ocasiones.

Los apuntes realizados entre 1808 y 1814, fáciles de ocultar, brindan la interpretación más directa de los hechos históricos. Sin embargo no faltan pinturas que deben insertarse dentro de estos años. Así los dos cuadritos conservados en El Escorial que recuerdan la *Fábrica de pólvora* y la *Fábrica de balas de fusil,* según su rótulo en la Sierra de Tardienta (Aragón), y el que se exhibe en el Prado bajo el título de *El Coloso* o *El Pánico,* con un arrebatador sentido dramático. Mas todos los testimonios de la guerra aducidos hasta ahora pierden trascendencia ante los famosísimos cuadros, comentados aparte y pintados en 1814, que evocan los acontecimientos del 1808 en Madrid: *La carga de los Mamelucos y de la Guardia Imperial en la Puerta del Sol* y *Los Fusilamientos* (19).

En la corte de Fernando VII (1814-1824)

Cuando acaba la guerra de la Independencia y vuelve a España Fernando VII Goya tiene sesenta y ocho años. Hasta abril de 1815 vivió la peripecias de la "depuración", quedando libre de culpa y con todos los pronunciamientos favorables. Pero al servicio del nuevo monarca tuvo que sentirse desde el primer momento incómodo, en el ambiente turbio de la política de entonces. Todo induce a sospechar un progresivo distanciamiento de la corte. Frente a ciertos lienzos de circunstancias resultan más definidoras de este momento las obras que indican un ansia íntima de evasión y que manifiestan una técnica cada vez más desgarrada.

Gracias a un feliz hallazgo documental de Sánchez Cantón se han desvanecido numerosas leyendas en torno a la vida de Goya en una finca que poseyó cerca de la orilla derecha del Manzanares, junto al puente de Segovia. Sabemos ahora que fue adquirida el 27 de febrero de 1819 y que por eso no pudo ser escenario de encuentros íntimos con la Duquesa de Alba, ni de punto de partida para contemplar, aguas arriba del río y no lejos de la otra orilla, los patriotas fusilados (20). En cambio, al conocer el momento en que fue adquirida la "Quinta del Sordo" estamos mejor preparados para presentir el estado espiritual del artista cuando cubrió las paredes de aquella casa con las famosas *Pinturas negras.*

Una detenida ojeada a las obras de este período demostraría que Goya, pese a todas las crisis, no permaneció inactivo. Pero no hay espacio más que para una abreviadísima evocación de los principales cuadros. Los que realizó como retratista quedan jalonados por varios entre los que destacan los de *Fernando VII,* con gesto antipático, pero admirables desde el punto de vista técnico y el de *El Duque de San Carlos,* reproducido aquí. Más íntimos, directos y espontáneos son los dos *Autorretratos* (1815) del Prado y de la Academia de San Fernando y la imagen de su nieto, *Mariano Goya,* que reaviva el fondo de ternura que subyace en nuestro artista.

En el campo de la pintura religiosa cabe recordar el grupo con las *Santas Justina y Rufina* (1817) de la Catedral de Sevilla, vituperado por el Conde de la Viñaza como "el más profano, mundanal y desgraciado cuadro de los religiosos de Goya", pese a sus indiscutibles calidades. Dos lienzos realizados en 1819 para las Escuelas Pías de San Antón alcanzan en cambio cotas excepcionales de emoción religiosa: *La última Comunión de San José de*

Calasanz y *La Oración del Huerto* (21). La atención que merece el ciclo más desgarrador de pinturas debido a Goya nos fuerzan a dejar de considerar otras pinturas (*La Aguadora* y *El afilador,* de Budapest; *El Naufragio,* del Marqués de Oquendo; *La Fragua,* de la colección Frick, de Nueva York; *El Garrotillo,* de la colección Marañón, etc.) llenas de interés.

El ímpetu creador del artista alcanzó su culminación en las composiciones murales de su casa de campo hechas entre febrero de 1819 y junio de 1824. El trabajo lo haría coincidiendo casi con el trienio constitucional. Al documentarse en una fecha muy tardía gana en dimensiones nuestro genio, capaz de realizar un esfuerzo sin precedentes cuando rondaba los setenta y cinco años. Las *Pinturas Negras* vienen llamándose así por los tonos predominantes en ellas, aunque la restauración llevada a cabo hace varios lustros permitió revalorizar otros colores. El ciclo consta de catorce composiciones de proporciones diferentes (dominando las apaisadas) que ocupaban, seis, una pieza de casi nueve metros por algo más de cinco y medio, de la planta baja; las ocho restantes se encontraban en una sala de iguales medidas del piso principal. Fueron realizadas con técnica de óleo sobre los muros y se trasladaron a lienzo por encargo del Barón Frederic Emile d'Erlanger, que adquirió la finca en 1860 y donó las obras al Museo del Prado veinte años después. El concienzudo estudio de Sánchez Cantón y Xavier de Salas (22), consiente una valoración objetiva de este gran conjunto que tanto atizó la imaginación de los críticos.

Al pintarse directamente sobre los muros es preciso admitir que Goya organizaría las composiciones de cada pieza siguiendo un cierto programa. Pero sin sacrificar en él su libertad de expresión y concediendo amplísimo margen a las alteraciones fruto de la inspiración momentánea o del capricho. Pocos artistas más rebeldes que el nuestro a normas previamente trazadas. Las *Pinturas Negras* nos brindan el más aleccionador testimonio de cómo la creación artística entraña un proceso cargado de misteriosas secuencias que el espectador o el crítico ha de captar apoyándose en lo más externo que hay en ellas. Nunca podremos penetrar en los entresijos del alma de Goya para descubrir los íntimos impulsos que le llevaron a poblar de monstruos, de brujas, de figuras mitológicas alucinantes, de personajes bíblicos o de simples mortales, los muros de su casa. No hay duda de que en cada pieza coexistieron los asuntos más dispares y al hablar de un "programa" habrá que pensar tan sólo en el criterio seguido para distribuir las composiciones en las dos salas. Los comentarios que se hacen aparte de algunas obras reproducidas pueden ayudar a fijar sus rasgos "expresionistas", en la misma medida que los frescos de San Antonio o los Fusilamientos desarrollaban los principios pictóricos del impresionismo.

En la década que nos ocupa caben todavía las actividades como dibujante y grabador aunque existan importantes dudas sobre la fecha de algunas obras. El ciclo de la *Tauromaquia,* analizado magistralmente por Lafuente Ferrari (23), consta de cuarenta planchas que fueron puestas a la venta en 1816. Goya contempla la fiesta de toros con vigor, variedad y dramatismo sorprendentes. Los más diversos lances llevados por personajes a pie y a caballo, el vibrante sentido del movimiento y la técnica muy suelta, a base de lápiz rojo, dan a este conjunto un sello propio.

El último de los grandes ciclos de grabados se publicó por la Academia de Bellas Artes de San Fernando en 1863 bajo el título de *Los Proverbios,* pero hoy se conoce con el más expresivo de *Los Disparates*. Forman una colección de dieciocho planchas, más cuatro inéditas, dadas a conocer por la revista "L'Art". Estas obras, que debieron realizarse en fecha muy próxima a las *Pinturas Negras,* enlazan con éstas por la ambientación.

El exilio y la muerte (1824-1828)

Al iniciarse la década absolutista, Goya no las tuvo todas consigo. El nuevo clima de persecución debió inclinarle a tomar medidas para proteger su persona y su hacienda. Donó la famosa "Quinta" a su nieto Mariano y estuvo oculto en casa de su amigo don José Duaso, que ocupaba una posición relevante en la Corte de Fernando VII, unos tres meses, hasta mayo en que se promulgó una especie de amnistía (24). Entonces, a los setenta y ocho años, solicitó autorización para trasladarse al balneario de Plombières, en los Vosgos. El rey autorizó la salida, pero Goya no tomó el camino de la famosa estación termal; fue en busca de amigos y parientes que se habían exilado. Uno de ellos, Leandro Fernández de Moratín, anunció su llegada con estas palabras: "Llegó, en efecto, Goya, sordo, viejo, torpe y débil y sin saber una palabra de francés y sin traer un criado (que nadie más que él lo necesita) y tan contento y deseoso de ver mundo. Aquí estuvo tres días: dos de ellos comió con nosotros en calidad de joven alumno: le he exhortado para que se vuelva para septiembre y no se enlodazine en París y se deje sorprender del invierno que acabaría con él".

No cabe resumir aquí los curiosos pormenores relacionados con el viaje a la capital de Francia y la estancia bordelesa, atendido por doña Leocadia Zorrilla que tenía con ella a sus hijos Guillermo y Rosarito Weiss (25). La convivencia con esta mujer nos introduce en un rincón de su intimidad no exento de facetas ingratas aunque la niña, de diez años, debió estimular los sentimientos de ternura de Goya. En 1825 solicitó nueva licencia del rey, eligiendo como pretexto el balneario de Bagnères. En 1826 hizo una agotadora excursión a Madrid, a pesar de sus achaques, para arreglar sus asuntos obteniendo el 17 de junio la jubilación como pintor de cámara con todo el sueldo y permiso para regresar a Francia. Sin entrar en los problemas que plantea este viaje, y otro posible en el año siguiente, recordemos el final.

En marzo de 1828 Goya espera con impaciencia la llegada de su hijo Francisco Javier, de su esposa y de su nieto Mariano. Todo hace pensar que las razones del viaje se hallan precisamente en la falta de salud del anciano. El día 28 recibió con alborozo a la nuera y el nieto y el 1 de abril escribe a Javier: "No te puedo decir más, que de tanta alegría, me he puesto un poco indispuesto y estoy en cama. Dios quiera que te vea venir a buscarlos para que sea mi gusto completo". La indisposición se convirtió al día siguiente, en que celebraba su santo, en una hemiplejía de acuerdo con las noticias que dio doña Leocadia a Moratín; aquel día "amaneció a las cinco sin habla, que recobró a la hora, y se le paralizó el lado. Así ha estado trece días; conocía a todos hasta tres horas antes de morir; veía la mano, pero como alelado; quiso hacer testamento, decía, en nuestro favor y respondió su nuera que ya lo tenía hecho. No hubo un momento después seguro, pues la debilidad le impedía escasamente entender lo que decía y disparataba".

Falleció Goya antes de despuntar el 16 de abril de 1828, cuando hacía sólo unos días que había cumplido ochenta y dos años. Parece que el 20, llegó su hijo Francisco Javier, arreglando rápidamente cuentas con la pobre doña Leocadia que se quejaba amargamente de la difícil situación económica en que quedaba. Después de la muerte la fama del artista fue creciendo sin pausa gracias al impacto de su obra en los pintores de Francia y de España. En un plano más prosaico quedaría la historia de los descendientes, sobre todo la de su aburguesado hijo y la de su alocado nieto Mariano.

El interés humano de los últimos años de la vida de Goya no debe hacernos olvidar que su actividad creadora se extendió hasta los postreros instantes. Los retratos admirables de *Don Bautista Muguiro* (1827) y de *Don Pío Molina* (1828) consienten registrar los últimos avances en la técnica y las últimas novedades en el colorido, magistral, sobre todo en *La lechera de Burdeos,* que puede cerrar el recuerdo de sus pinturas. La vocación por el dibujo y el grabado se mantuvo en la época bordelesa. En 1825 escribía a su amigo Ferrer sobre nuevas tiradas. Entonces se litografiaron unos animales que confirman de nuevo las escasas dotes del artista para estas cosas; pero junto a ellas conviene destacar la serie que llevó por título *Los toros de Burdeos,* con cuatro estampas cargadas de animación y originalidad. ¿Será el último dibujo realizado por Goya el que representa a un anciano apoyado en dos bastones y con la expresiva leyenda *Aún aprendo?*

NOTAS

1. **Vida y obras de Goya,** pág. 2. Al iniciar nuestra apretada visión del artista, queremos destacar la huella que este libro pudo dejarnos. Es uno de los más rigurosos entre todos los publicados acerca del genial aragonés. Por haber sido yo el más asiduo discípulo y colaborador, en Madrid, de Sánchez Cantón, durante casi veinte años, tuve la fortuna de ser testigo de algunos trascendentales hallazgos «goyescos» suyos incorporados a este estudio y a otros trabajos posteriores. Valgan mis palabras como deuda de gratitud y homenaje a su memoria.

2. **Antecedentes, coincidencias e influencias del arte de Goya,** pág. 24.

3. **Ob. cit.,** pág. 27.

4. BAUDELAIRE, Charles: **Pequeños poemas en prosa. Críticas de arte.** Buenos Aires, Espasa-Calpe argentina, Col. Austral, 1948, pág. 142. Debe observarse que los comentarios sobre Goya figuran en un capítulo sobre «Algunos caricaturistas extranjeros», en donde Goya se considera «un hombre singular [que] ha abierto nuevos horizontes a lo cómico».

5. **Ob. cit.,** pág. 330.

6. Probablemente, después de Picasso, ningún pintor despierta de modo tan reiterado el interés de críticos e historiadores del arte. De ahí que resulte dificilísima de hacer una bibliografía exhaustiva.

7. El caso de Ortega es especialmente representativo. Se sintió atraído sobre todo por Velázquez y por Goya por ser sus obras un medio trascendental para descubrir sus complejos modos de ser. Sobre nuestro artista véase la antología publicada con el título **Goya** en la colección «El Arquero» de la Revista de Occidente, 3.ª ed., Madrid, 1966. Fuera de España, resultan interesantes obras como las de KLINGENDER, F. D. (**Goya, in the democratic tradition,** with an introduction by Herbert Read, New York, Schocken books, 1968), donde el sociólogo marxista intenta descubrir, a través de las obras de Goya, los conflictos políticos, económicos y sociales de su tiempo.

8. Véanse sobre todo los trabajos del marqués de Lozoya y Milicua relacionados con este viaje. El paso por Francia es también interesante y ha sido glosado por diversos estudiosos, en especial por Sánchez Cantón en la **ob. cit.**

9. Quien sienta interés por conocer paso a paso la actividad de Goya como pintor de cartones deberá consultar la magnífica monografía de SAMBRICIO, Valentín de: **Tapices de Goya,** Madrid, 1946.

10. Sin publicar todavía el epistolario de Goya, sigue siendo de gran utilidad como repertorio de textos la obra titulada **Colección de cuatro-**

cientos cuarenta y nueve reproducciones de cuadros, dibujos y aguafuertes de don Francisco de Goya precedidos de un epistolario del
gran pintor y de las noticias biográficas publicadas por don Francisco
Zapater y Gómez en 1860, Madrid, Ed. Saturnino Calleja, 1924. No obstante, los curiosos textos aquí reunidos, recogidos de diversos autores,
precisan completarse con otros publicados después. El aducido aquí
es glosado por Sánchez Cantón, **ob. cit.**, pág. 21; sobre la instancia
denegada se ocupa Sambricio, **ob. cit.**, doc. 60, pág. XXXIII.

11. Ver LAFUENTE FERRARI, Enrique: **Las ideas estéticas de Goya**, «Revista de Ideas Estéticas», 1946. El trabajo fue reimpreso en la obra
Antecedentes, coincidencias e influencias..., págs. 318-330.

12. **Ob. cit.**, pág. 31.

13. **Goya, sus enfermedades y sus médicos.** «Synergia», núm. 2, Barcelona, 1958.

14. Los textos entrecomillados y otros llenos también de interés, que no
podemos recoger aquí, pueden verse en la monografía de Ezquerra
del Bayo y en la **Vida y obras de Goya** por Sánchez Cantón, páginas
53-58.

15. El equívoco de la fecha en la carta de Zapater ha sido puesto de manifiesto por don Pedro Beroqui. Sánchez Cantón puntualizó las circunstancias del viaje a Sanlúcar en un artículo publicado en 1928 en
el «Boletín de la Sociedad Española de Excursiones».

16. Las circunstancias relacionadas con la muerte de la Duquesa y el aná-
lisis hecho de sus restos se detallan en las obras de BLANCO SOLER
(**Esbozo psicológico, enfermedades y muerte de la Duquesa María del
Pilar Teresa Cayetana de Alba.** Madrid, 1946) y de BLANCO SOLER,
PIGA PASCUAL y PEREZ DE PETINTO (**La Duquesa de Alba y su
tiempo**, Madrid, 1949), con curiosos y macabros detalles.

17. Noticias sobre los bienes de Goya, de extremo interés, fueron dadas
a conocer por SANCHEZ CANTON en su extenso trabajo **Cómo vivía
Goya. I. El inventario de sus bienes.** 1946.

18. Para una amplia valoración de este cuadro recomendamos la lectura
de la monografía de Xavier de SALAS: **La familia de Carlos IV.** Barcelona, Ed. Juventud, 2.ª ed., 1959.

19. Véase el importante estudio monográfico de E. LAFUENTE FERRARI:
Goya. El 2 de mayo y los fusilamientos. Barcelona, Ed. Juventud, 1946.
En este libro, no obstante, se alude a un texto de Antonio de Trueba
cuya falsedad quedó de manifiesto al descubrirse la documentación
sobre la compra de la Quinta del Sordo que citamos en la nota siguiente.

20. Ver SANCHEZ CANTON, F. J.: **Cómo vivía Goya. II. Leyenda e historia de la Quinta del Sordo.** «A. E. A.», 1946.

21. Para una valoración de conjunto de Goya como pintor religioso y un análisis específico de estos últimos cuadros, ver el estudio de SANCHEZ CANTON, F. J.: **Goya pintor religioso.** «Revista de Ideas Estéticas», 1946.

22. **Las pinturas negras de Goya en la Quinta del Sordo.** Milano, Rizzoli, 1963. Una apretadísima síntesis de lo que se dice en este carísimo y lujosísimo libro puede encontrarse en la obra de F. J. SANCHEZ CANTON: **Goya: la Quinta del Sordo.** Col. Forma y Color, Albaicín-Sadea Editores, 1966.

23. **Precisiones sobre la Tauromaquia, Las estampas inéditas de la Tauromaquia e Ilustración y elaboración en la Tauromaquia de Goya,** «A. E. A.», 1940, 1941 y 1946 respectivamente.

24. Ver SANCHEZ CANTON, F. J.: **Goya refugiado.** Revista «Goya», 1954.

25. Ver NUÑEZ ARENAS, Manuel: **L'Espagne des Lumières au Romantisme.** París. Centre de Recherches de l'Institut d'Etudes Hispaniques, 1963. En este volumen se publican varios trabajos sobre el tema.

BIBLIOGRAFIA

Resulta materialmente imposible recoger, ni aún de manera sintética, las publicaciones básicas sobre el artista. Pese a sus numerosas omisiones, es muy útil la obra de Agustín Ruiz Cabriada: *Aportación a una bibliografía de Goya*, Madrid, Biblioteca Nacional, 1946, que contiene referencia a las publicaciones más importantes hasta la celebración del segundo centenario del artista. Entre las muchísimas monografías de conjunto publicadas después cabe destacar primeramente la tantas veces citada en nuestro texto de Sánchez Cantón (*Vida y obras de Goya*, Madrid. Ed. Peninsular, 1951), seguida de las mucho más recientes de Pierre Gassier y Luliet Wilson (*Vie et oeuvre de Francisco de Goya*, París, Editions Vilo, 1970) y José Gudiol (*Goya*, 4 vols., Ediciones Polígrafa, Barcelona, 1970). Gran importancia tiene la obra de E. Lafuente Ferrari (*Antecedentes, coincidencias e influencias del arte de Goya*, Catálogo ilustrado de la exposición celebrada en 1932 por la Sociedad de Amigos del Arte, pero publicada en 1947). Son numerosos e importantes los trabajos sobre el artista publicados en «Archivo Español de Arte» y debidos a Diego Angulo Iñiguez (1940, 1948, 1962), Lafuente Ferrari (1940, 1941, 1946), Marqués de Lozoya (1956), Xavier de Salas (1968), Sánchez Cantón (1929, 1931, 1946, 1947, 1952). Tienen gran utilidad los números monográficos dedicados al artista por la «Revista de Ideas Estéticas» (1946) y «Goya» (1971). Sobre los tapices es fundamental la obra de Valentín de Sambricio (*Tapices de Goya*, Madrid, Patrimonio Nacional, 1946). Sobre los grabados en general ver: Tomás Harris (*Goya engravings and litographs*, 2 vols., Londres, Faber & Faber, 1964); sobre «Los Caprichos» ver los estudios monográficos de Sánchez Cantón (Barcelona, Instituto Amatller, 1949) y López Rey (Princeton, 1953); sobre «Los Desastres» la monografía de Lafuente Ferrari (Barcelona, Instituto Amatller, 1952) y sobre «Los Proverbios» o «Disparates» los estudios de Camón Aznar (Barcelona, Instituto Amatller, 1952) y Xavier de Salas (Barcelona, Gili, 1968). Entre las numerosas obras dedicadas a los dibujos recordaremos las de Malraux (*Dessins de Goya au Musée du Prado*. Geneve, Skira, 1974), López Rey (*A Cycle of Goya's Drawings*, London, Faber and Faber, s. a.) y, sobre todo, Sánchez Cantón (*Museo del Prado. Los dibujos de Goya*. 2 tomos. Madrid, 1954) y Gassier (*Dibujos de Goya. Los álbumes*. Prefacio de Xavier de Salas. Barcelona, Noguer, 1973). La más importante tarea de Goya como decorador fue estudiada por Lafuente Ferrari y Stolz: *Goya, los frescos de San Antonio de la Florida*. Ginebra, Skira, 1955. Esta apretadísima relación podría completarse con las numerosas referencias de libros y artículos recogidas en la sección bibliográfica de «Archivo Español de Arte».

GRABADOS EN BLANCO Y NEGRO

GRABADO 1. EL SUEÑO DE LA RAZON PRODUCE MONS-
TRUOS.—Museo del Prado.—Dibujo en pluma sepia. Aguafuerte y
aguatinta. 216 por 152 mm., fechable entre 1797-98. Esta composición iba a servir de portada a la serie de «Los Caprichos», pero al
final ocupó el núm. 43. Aparte del grabado se conservan dos dibujos preparatorios con variantes. Sin tenerlas en cuenta, sub-
rayemos el motivo principal: el artista de bruces sobre una mesa
con búhos, murciélagos y otros animales alrededor o rostros humanos flotando en el espacio... En el texto se lee: «...El autor soñando: su intento sólo es desterrar vulgaridades perjudiciales
y perpetuar con esta obra de caprichos el testimonio sólido de la
verdad».

GRABADO 2. NI ASI LA DISTINGUE.—Museo del Prado.—Dibujo
a pluma, en sepia, y lavado en tinta china. Aguafuerte, con variantes en las figuras del fondo. 200 por 150 mm. «Capricho»
núm. 7, fechable entre 1797-98. Para interpretar el significado de
la escena nada mejor que el comentario del mismo Goya: «¿Cómo
ha de distinguirla? Para conocer lo que ella es no basta el ante-
ojo; se necesita juicio y práctica de mundo y esto es precisamente lo que le falta al pobre caballero».

GRABADO 3. A CAZA DE DIENTES.—Museo del Prado.—Sanguina
y aguafuerte y aguatinta. 218 por 151 mm. «Capricho» núm. 12, fechable entre 1797-98. La desgarrada escena se ilustra con el siguiente comentario: «Los dientes de ahorcado son eficacísimos
para los hechizos; sin este ingrediente no se hace cosa de pro-
vecho. Lástima es que el vulgo crea tales desatinos».

GRABADO 4. ASTA SU ABUELO.—Museo del Prado.—Dibujo en
sanguina. 215 por 150 mm. «Capricho» núm. 39, fechable entre
1797-98. Es interesante observar cómo la figura del asno prota-
goniza diversas escenas de este ciclo, y casi siempre con la figura del animal sentado. Como en otros casos, el comentario
que ilustra el tema no tiene desperdicio: «A este pobre animal
le han vuelto loco los Genealogistas y reyes de Armas. No es
él sólo».

GRABADO 5. EL ESPEJO INDISCRETO: EL HOMBRE GATO. AL-
GUACIL ARCHER OU SERGEANT.—Museo del Prado.—Dibujo
a pluma en sepia. Fechable en 1797-98. Forma parte de un grupo,
con otros tres, que desarrollan el tema del espejo y que seguramente serían realizados para ser incluidos en la serie de *Los
Caprichos* aunque no llegaran a grabarse. Lleva un rótulo casi
ilegible.

GRABADO 6. LOS CHINCHILLAS.—Museo del Prado.—Dibujo en
tinta sepia. Aguafuerte y aguatinta. 208 por 151 cm. «Capricho»
núm. 50, fechable entre 1797-98. El dibujo de esta extraña com-

posición resulta muy simple. El significado de la escena se aclara algo con el texto: «el que no oye nada ni sabe nada, ni hace nada, pertenece a la numerosa familia de los chinchillas, que nunca a servido de nada». Sobre este tema ver el trabajo de Edith Helman (*Jovellanos y Goya*. Madrid, Taurus, 1970, páginas 183-199).

Grabado 7. TRAGALA PERRO.—Museo del Prado.—Dibujo en sanguina. Aguafuerte y aguatinta. 217 por 151 mm. «Capricho» núm. 58, fechable entre 1797-98. La composición y el comentario resultan sobradamente expresivos: «El que vive·entre los hombres será jeringado irremediablemente; si quiere evitarlo, habrá de irse a habitar los montes y cuando esté allí conocerá también que esto de vivir solo es una jeringa».

Grabado 8. TEMERIDAD DE MARTINCHO EN LA PLAZA DE ZARAGOZA.—Museo del Prado.—Dibujo en sanguina. Aguafuerte y aguatinta. 245 por 355 mm. Núm. 18 de «La Tauromaquia», fechable hacia 1815-16. La escena, por ser suficientemente expresiva, exime de todo comentario. Entre el dibujo original y el grabado, se observa, como fundamental variante, la presencia de un personaje subiéndose a la barrera, mientras que en el aguafuerte se ven los espectadores.

Grabado 9. VALOR VARONIL DE LA CELEBRE PAJUELERA EN LA DE ZARAGOZA.—Museo del Prado.—Dibujo en sanguina. Aguafuerte y aguatinta. 250 por 350 mm. Núm. 22 de «La Tauromaquia», fechable hacia 1815-16. La escena se distingue por la falta de elementos accesorios contrastando la fuerte embestida del toro con la pasividad del caballo.

Grabado 10. PERROS AL TORO.—Museo del Prado.—Dibujo en sanguina. Aguafuerte y aguatinta. 245 por 350 mm. Fechable hacia 1815. El grabado que surgió del dibujo forma parte de un grupo de 7 planchas que Goya no llegó a publicar en «La Tauromaquia» y que fueron impresas por primera vez en 1876. La escena está resuelta con un gran sentido del movimiento, con la jauría de perros acosando al astado.

Grabado 11. DISPARATE DE MIEDO.—Museo del Prado.—Dibujo en sanguina. Aguafuerte y aguatinta. 245 por 350 mm. Núm 2 de «Los Proverbios», fechable entre 1815-24. Por su cronología y su temática, esta y otras escenas del ciclo nos aproximan al mundo alucinante que domina en las pinturas negras.

Grabado 12. LO QUE PUEDE EL AMOR.—Museo del Prado.—Dibujo al lavado de tinta china. 205 por 143 mm. Forma parte del mismo album al que pertenece el anterior. El número 27 sustituye al primitivo 26. Sin resultar muy claro el significado de la escena debe destacarse la fuerza plástica y el enérgico volumen de la figura.

GRABADO 13. MEJOR ES MORIR.—Museo del Prado.—Dibujo al lavado de tinta china, sepia. 205 por 142 mm. Forma parte del mismo album de dibujos reseñado en las dos ilustraciones anteriores. Este, que lleva el número 103, aparece junto a otros de seres torturados. Se ha supuesto que hacen referencia a las gentes perseguidas entre 1814 y 1820 por Fernando VII (Gassier).

GRABADO 14. PORQUE SABIA HACER RATONES.—Museo del Prado.—Dibujo en tinta sepia. 205 por 144 mm. Fechable entre 1814 y 1820. Sobre las ropas del personaje se lee: «Le pusieron mordaza porque hablaba. Y le dieron palos en la cabeza. Yo la vi en Zaragoza a Orosia Moreno. Porque sabía hacer ratones». Forma parte de una serie de 48 dibujos en los que el artista, terminada la guerra de la Independencia, refleja su reacción ante las persecuciones desatadas en los años de absolutismo de Fernando VII.

GRABADO 15. ASI SUELEN ACABAR LOS HOMBRES UTILES.— Museo del Prado.—Dibujo al lavado de tinta china. 206 por 143 mm. Sin fecha. Pertenece a una colección de dibujos con una numeración que en algún caso, como éste, fue corregida por el mismo artista (el número 16, original, fue sustituido por el 17). Por sus rasgos expresionistas debe ser posterior a la guerra de la Independencia.

GRABADO 16. AUN APRENDO.—Museo del Prado.—Dibujo a lápiz. 191 por 145 mm. Forma parte, con el núm. 54, de un album distribuido entre el Prado y otras colecciones. Este, podría cerrar la serie de toda la producción goyesca, aunque la figura del anciano recuerde el que aparece en el ciclo de las pinturas negras. Utilizando palabras de Sánchez Cantón, cabría decir que este «anciano, encorvado por los años, claudicante, que para andar se apoya en dos bastones, mas con la mirada escrutadora todavía...», puede servir como el mejor resumen de la vida fecunda de Goya.

LAMINAS EN COLOR

LÁMINA I. EL QUITASOL.—Museo del Prado.—Oleo sobre lienzo. 1,04 por 1,52 m. Entregado el 12 de agosto de 1777 para servir de modelo a un tapiz que decoraría el comedor de los príncipes de Asturias del Palacio de El Pardo. En este cuadro Goya reduce al mínimo lo anecdótico, prescindiendo casi totalmente del paisaje y concentrándose en la composición de la pareja puesta en primer plano. Resulta cromáticamente valiente el tema de la sombrilla aunque la incidencia de su sombra en la cabeza de la figura femenina resulta casi inapreciable. El perrito, sobre el regazo de la mujer, es sobre todo una mancha oscura de color como contrapunto de los tonos claros que invaden la zona inferior del lienzo.

LÁMINAS II-III. LA GALLINA CIEGA.—Museo del Prado.—Oleo sobre lienzo. 2,69 por 3,50 m. El boceto del cuadro, en el mismo museo, y de 0,41 por 0,44 m. Como el lienzo fue entregado a la fábrica de tapices a principios de 1789, debió realizarse, de acuerdo con las observaciones de Sambricio, el año anterior. Pocas composiciones del ciclo de los cartones lograron tanta fama como ésta. Resulta en efecto muy afortunada y original la distribución de los personajes en rueda y el vibrante colorido con que fueron ejecutados. Se observa sin embargo un cierto desdén por su caracterización individual, ya que los rostros resultan en la mayoría de los casos inexpresivos, como si se tratase de muñecos; el mayor acierto reside tal vez en el contraste de las actitudes. Son curiosas las variantes entre el boceto, el cartón y el tapiz definitivo.

LÁMINA IV. LA DUQUESA DE ALBA.—Palacio de Liria. Madrid.—Oleo sobre lienzo. 1,94 por 1,30 m. En la magnífica pintura se lee, como dedicatoria: *A la Duquesa de Alba, Francisco de Goya.* 1795. La figura de Cayetana, aunque resulta un tanto rígida, tiene un encanto irresistible. El rostro, algo hierático, acusa sobriamente los rasgos fisonómicos de la Duquesa, con las cejas muy pobladas y los labios apretados. Es admirable la factura de los paños y no faltan ciertos rasgos que delatan sentido del humor, como los lazos rojos que lleva la Duquesa en el pecho y en el pelo y hacen juego con el que adorna una pata del perrito de lanas que hay al pie. En el somero paisaje del fondo encontramos una vez más despreocupación por el análisis de la naturaleza, pero esta vez se descubren ciertas calidades velazqueñas en la factura.

LÁMINA V. LA MARQUESA DE LAZAN.—Palacio de Liria. Madrid.—Oleo sobre lienzo. 1,93 por 1,15 m. Es obra que no está fechada pero que por razones estilísticas puede situarse en los primeros años del siglo XIX. De gran calidad, muestra la preocupación por la luz que incide directamente en la figura destacándola así, vigorosamente, del fondo. Son notables las calidades de los paños. La retratada, María Gabriela Portocarrero y Palafox, casada con el marqués de Lazán, fue tía carnal de la emperatriz Eugenia. El cuadro fue legado por ésta a la casa de Alba.

LÁMINAS VI-VII. FAMILIA DE CARLOS IV.—Museo del Prado.—Oleo sobre lienzo. 2,80 por 3,36 m. El famosísimo cuadro fue pintado en Aranjuez en la primavera de 1800. Gracias a una reciente y felicísima restauración puede hoy gozarse la pintura con su asombrosa riqueza de colorido, descubriendo matices y motivos antes olvidados. La obra marca un momento de plenitud en la trayectoria artística de Goya y sirve de contrapunto a *Las Meninas* de Velázquez. Los personajes se despliegan de forma apaisada a lo largo del lienzo. De izquierda a derecha aparecen D. Carlos María Isidro (que iba a pretender el trono, al morir su hermano, dando lugar al carlismo); Goya que se autorretrata al fondo; el Príncipe de Asturias, futuro Fernando VII, que se adelanta hacia el espectador; D.ª María Josefa, hermana del rey, que iba a morir al año siguiente; un personaje sin identificar, que acaso aparece con el rostro vuelto como inconcreta alusión a la prometida del príncipe; la infanta María Isabel, hija de los Reyes, que casaría en diciembre de 1802, cuando contaba trece años; la Reina María Luisa, que tiene de la mano a su hijo menor D. Francisco de Paula, cuyas lágrimas serían el motivo inmediato de la tragedia del 2 de mayo; Carlos IV, que tiene a sus espaldas a su hermano el infante D. Antonio y a su hija mayor, Carlota Joaquina, que asoma de perfil; finalmente, los príncipes de Parma y reyes de Etruria (ella hija de Carlos IV) D. Luis de Borbón y D.ª María Luisa, sosteniendo en brazos al hijo del matrimonio D. Carlos Luis. Junto a todos estos personajes podría ponerse un segundo autorretrato de Goya si se tiene en cuenta que la restauración del lienzo reveló otra cabeza del artista, observada por X. de Salas.

Aunque la distribución de los personajes denote cierta rigidez, no puede negarse que se hallan habilísimamente dispuestos, hilvanándose unos con otros de manera magistral. No hay fórmula rígida para situar las figuras, que a la izquierda forman un compacto grupo con Fernando VII a la cabeza; los monarcas, con los hijos más jóvenes, se extienden con holgura en línea levemente oblícua, mientras que los personajes restantes se aprietan, en segundo término, en diagonal. Los dos cuadros que llenan la pared del fondo añaden una definitiva nota de color, digno complemento del cromatismo riquísimo de los paños que visten las principales figuras. Como documento histórico, el cuadro parece encerrar una sátira sutil de la familia real, sobre todo de los monarcas que presiden este peregrino concierto de seres ausentes entre sí. Pocas veces se percibe mejor la soledad de muchos que están en compañía.

LÁMINAS VIII-IX. ESCENAS DE BRUJAS.—Museo Lázaro Galdiano, de Madrid.—0,44 por 0,31 m. y 0,45 por 0,32 m. Los dos cuadritos se pintaron para la Alameda de Osuna en 1798 y ofrecen, con técnica de óleo, la incidencia en un temática desarrollada ampliamente en «Los Caprichos», el ciclo de grabados rigurosamente coetáneo. Pensando en ello probablemente, dice Camón que «resuelven ese problema, tantas veces planteado, de cómo imaginar en color esos aguafuertes tan enigmáticos. La imaginación de Goya, desbordada en estos años por los campos de las magias criminosas y de las horrendas carátulas, crea aquí unas escenas que repiten las intenciones diabólicas, el mundo subhumano del vampirismo y de las noches sabáticas...». Cada escena vale como trasunto primerizo de un motivo que iba a lograr su más amplio desarrollo veinte años después, si bien con el tiempo va creciendo el contenido expresionista de estos asuntos.

LÁMINAS X-XI. LA MAJA DESNUDA.—Museo del Prado.—Oleo sobre lienzo. 0,97 por 1,90 m. Los famosísimos cuadros están sin fechar; por primera vez se documentan en 1807 en los inventarios de Godoy. Sánchez Cantón, apoyándose entre otras razones en las semejanzas estilísticas con *La Marquesa de Santa Cruz*, considera los cuadros del mismo momento, 1805. Son lienzos de enorme interés pictórico aunque se deseche, como dudosísima, la hipótesis de que representan a la Duquesa de Alba. Con la *Venus del espejo* de Velázquez, *La Maja Desnuda*, resulta, temáticamente hablando, excepcional en el panorama de la pintura española. Goya nos muestra una visión directa y espontánea del modelo, pese a la inserción artificiosa de la cabeza en el tronco, según observó Sotomayor; en ella se presiente el desenfado de la *Olimpia* de Manet. En *La Maja vestida* volvemos a celebrar la valentía del pincel para conseguir exaltar las calidades de los paños, aquí ceñidísimos al cuerpo.

LÁMINA XII. LA MAJA VESTIDA.—Museo del Prado.—Oleo sobre lienzo. 0,95 por 1,90 m. Véanse los comentarios a las láminas X y XI.

LÁMINA XIII. EL ENTIERRO DE LA SARDINA.—Museo de la Academia de San Fernando, de Madrid.—Oleo sobre tabla. 0,82 por 0,60 m. Fechable en los años de la guerra, entre 1808-14. La escena carnavalesca está resuelta con pinceladas rápidas que saben reflejar la animación del festejo popular, destacando por su desenfado sentido del movimiento el grupo de danzantes que centra la composición.

LÁMINA XIV. EL DUQUE DE SAN CARLOS.—Museo de Zaragoza.—Oleo sobre lienzo. 2,80 por 1,25 m. El cuadro pudo haber sido pintado inmediatamente después de la Guerra de la Independencia y sería por tanto estilísticamente compañero de los de Fernando VII. Es obra de gran riqueza de pincelada. Se conserva un estudio de la cabeza en la colección de la condesa de Villagonzalo y una versión reducida de cuerpo entero en la colección de los marqueses de Santa Cruz. El personaje jugó un papel importante en la vida política española cerca de Fernando VII e intervino en el expediente de depuración de Goya. Fruto de su actitud favorable al artista pudo ser este retrato.

LÁMINA XV. LEANDRO FERNANDEZ DE MORATIN.—Museo de la Academia de San Fernando. Madrid.—Oleo sobre lienzo. 0,73 por 0,56 m. Consta documentalmente que el retrato se estaba pintando el 16 de julio de 1799. Es un admirable testimonio del famoso escritor y amigo del artista que iba a legarnos noticias de capital interés sobre los últimos años vividos en Burdeos; con sus tonos tostados resulta sobrio de color si bien la luz que se proyecta en el rostro contribuye a resaltar los rasgos fisonómicos y la psicología del personaje.

LÁMINA XVI. CORRIDA DE TOROS EN UN PUEBLO.—Museo de la Academia de San Fernando. Madrid.—Oleo sobre tabla. 0,45 por 0,72 m. Como *El entierro de la sardina,* pintado probablemente durante la guerra (1808-1814). En esta tablita se perfila el «pintor de la veta brava», aplicando el término con todo su valor específico. La obra es magistral, no sólo por interés temático sino por sus rasgos técnicos. Sorprende la caligrafía utilizada para perfilar algunas figuras expresadas como manchas de color. La composición consiente exaltar los diversos planos con los espectadores de espaldas en primer término, los protagonistas del festejo en medio y las siluetas de las gentes que se arraciman en el fondo cerrado por las manchas de unas casas.

LÁMINA XVII. LA CASA DE LOCOS.—Museo de la Academia de San Fernando. Madrid.—Oleo sobre tabla. 0,45 por 0,72 m. Como los anteriores, pintado probablemente durante la guerra de la Independencia (1808-1814). La escena, poblada de desnudos, refleja una gran preocupación por los efectos de luz y los colores claros. El espectáculo de los desventurados paranoicos tiene desgarradora fuerza plástica.

LÁMINA XVIII. PROCESION DE DISCIPLINANTES.—Museo de la Academia de San Fernando. Madrid.—Oleo sobre tabla. 0,46 por 0,73 m. Como los cuadritos anteriores, pintado probablemente durante la guerra de la Independencia (1808-1814). La escena, interpretada con un desgarrador sentido expresionista, aparece dominada por la presencia de las espaldas desnudas y flageladas de los penitentes. Los personajes enlutados sirven de contrapunto cromático, mientras que las imágenes, cruces, estandartes y faroles, contribuyen a dar medida de los planos espaciales.

LÁMINA XIX. LA SUERTE DE VARAS.—Museo del Prado.—Oleo sobre tabla. 0,23 por 0,40 m. El fragmento reproducido corresponde a un cuadrito sin fechar, que debe sin embargo situarse por razones estilísticas en la última década de la vida del artista. Comparando la factura de esta escena con la de la Academia de San Fernando se descubre ahora una todavía mayor rapidez de ejecución y pastosidad en la pincelada, dominando el grupo formado por los picadores y el toro gracias a su excepcional fuerza plástica.

LÁMINA XX. LA CARGA DE LOS MAMELUCOS Y DE LA GUARDIA IMPERIAL EN LA PUERTA DEL SOL.—Museo del Prado.— Oleo sobre lienzo. 2,66 por 3,45 m. Con el lienzo que sigue constituye la versión más vibrante y directa de los trágicos sucesos vividos por el pueblo de Madrid al iniciarse la Guerra de la Independencia. Teniendo en cuenta su valor testimonial, se pensó que Goya había sido testigo de la escena. Sin desecharse del todo esta hipótesis y teniendo en cuenta los bocetos conservados, importa recordar que la obra debe fecharse en 1814, seis años después de los hechos narrados. No debe desdeñarse la noticia comunicada por Beruete de que esta pintura y su compañera sirvieron para decorar un arco de triunfo levantado en honor de Fernando VII cuando hizo su entrada en Madrid el 7 de mayo. *La carga de los mamelucos y de la guardia imperial en la puerta del Sol* capta el ataque contra las tropas montadas francesas como si se hubiese sorprendido en una «instantánea». De una manera desgarrada se percibe el horror de la lucha con armas blancas que hieren a hombres y animales, mientras los grupos se disponen desordenadamente, al margen de toda norma académica. Los detalles reclaman, todavía más que el conjunto, la atención del espectador. Goya presintió los efectos cromáticos que se consiguen yuxtaponiendo los tonos en lugar de fundirlos y modificando los colores reales (véase el caballo con cabeza verde) en función de unas exigencias estrictamente pictóricas.

LÁMINA XXI. LOS FUSILAMIENTOS DEL 3 DE MAYO (Detalle). Véanse los comentarios de las láminas XXII y XXIII.

LÁMINAS XXII-XXIII. LOS FUSILAMIENTOS DEL 3 DE MAYO.—Museo del Prado.—Oleo sobre lienzo. El cuadro, de medidas idénticas al anterior, suscita los mismos comentarios sobre las circunstancias de su ejecución y cronología. No obstante, se ha abandonado la especie de que el artista hubiese contemplado, con su criado, los cadáveres tras la ejecución realizada en la montaña del príncipe Pío. La escena está interpretada con un dramatismo sin precedentes en la historia del arte. Se ha elegido el momento en que los condenados aguardan la descarga y por eso el tiempo, reducido aquí a un instante, está cargado con la terrible angustia de la espera. En el rostro de las víctimas se acusa el terror de la muerte expresado de modo peculiar en cada uno de ellas. No se exalta el dudoso heroísmo de los que no tienen miedo, sino aquél, mucho más humano y denso, de los que mueren porque no tienen más remedio. Los hombres que están frente al pelotón no dan la vida por la patria; se la quitan por ella. Ante esta realidad lacerante, el piquete de ejecución carece de importancia; está visto de espaldas, como una sombra, lanzándose la luz sobre los reos y en especial ,sobre el que centra el grupo con los brazos abiertos, cuya camisa blanca y pantalones amarillos riman con los colores que proyecta el farol. La huella dejada por este cuadro desde Manet (*Fusilamientos de Maximiliano*) a Picasso (*Matanzas de Corea*) fue decisiva no sólo en lo que afecta al modo de interpretar el asunto y la composición, sino a la manera de valorarlo con colores y luces vibrantes en un precoz anticipo del impresionismo.

LÁMINA XXIV. RETRATO DEL ARZOBISPO COMPANY.—Museo del Prado.—Oleo. 0,44 por 0,31 m. Estudio de cabeza de un retrato de cuerpo entero realizado en el verano de 1790 con motivo de un viaje a Valencia, de donde el retratado, D. Joaquín Company, era arzobispo. La circunstancia de ser casi un boceto explica la singular valentía de color de esta obra y la fuerza con que se ha captado el rostro, dominado por la penetrante mirada del prelado.

LÁMINA XXV. AUTORRETRATO.—Museo de la Academia de San Fernando. Madrid.—Oleo sobre tabla. 0,51 por 0,46. Firmado en la parte inferior izquierda, *Goya 1815*. Fue donado a la Academia después de la muerte del artista, por su hijo Francisco Javier. Con una réplica conservada en el Museo del Prado, constituye un vibrante documento iconográfico de cómo era Goya cuando iba a cumplir los setenta años. La luz se concentra en la cabeza y en la camisa que enmarca el cuello. Es curiosa la disposición diagonal justificable acaso por imaginarse al personaje ante el bastidor volviéndose para mirarse en el espejo.

LÁMINAS XXVI-XXVII. AQUELARRE.—Museo del Prado.—Oleo pasado de muro a lienzo. 1,40 por 4,38 m. Realizado como perteneciente al gran ciclo de las pinturas negras, entre 1819 y 1823. Las brujas en conciliábulo, con el macho cabrío en un extremo, forman una masa de cuerpos con cabezas horribles y deformes que se vuelven espantadas hacia el animal que encarna al diablo con hábito frailuno. La descomposición, ultraexpresionista, de las formas humanas, revela los radicales cambios operados en la sensibilidad de Goya después de cruzar el umbral de la senectud. Todas las explicaciones que se han dado sobre el tema pierden fuerza ante el valor testimonial de este conglomerado de cabezas donde la angustia llega al paroxismo.

LÁMINA XXVIII. EL COLOSO O EL PANICO.—Museo del Prado.—Oleo sobre lienzo. 1,16 por 1,05 m. Obra sin fechar, suele situarse, por razones de estilo, en los años de la guerra de la Independencia, identificándose con un cuadro, *El gigante*, que poseía el artista en 1812. Sánchez Cantón imagina que Goya quiso evocar la figura de Napoleón en el alucinante «coloso» que provoca la desbandada de las gentes aunque el asno, casi inadvertido en primer término, permanezca impasible. Los colores negruzcos y la pincelada pastosa predicen la técnica de las pinturas negras.

LÁMINA XXIX. SATURNO DEVORANDO A UN HIJO.—Museo del Prado.—Oleo pasado de muro a lienzo. 1,46 por 0,83. Dentro del ciclo de las pinturas negras, esta composición ocupa un lugar singular por su desgarrador patetismo y por el significado mitológico como expresión del paso del tiempo. Las manchas de sangre que perfilan el cuerpo de la víctima añaden notas dramáticas a esta terrible escena.

LÁMINA XXX. LA ROMERIA DE SAN ISIDRO (Fragmento).— Museo del Prado.—Oleo pasado de muro a lienzo. 1,40 por 4,38 m. La escena muestra un racimo de seres humanos (que se dirigen hacia la ermita del Santo) en el que destacan rostros desencajados que, más que cantar, gritan al son de la guitarra; hay además grupos de embozados, dos hombres que luchan y otras gentes dispuestas en planos distintos; el escenario no recuerda nada la popular pradera. El tema, tratado varias décadas antes en el ciclo de los cartones para tapices, se ha convertido ahora en un espectáculo teñido de angustia por las voces patéticas de los romeros.

LÁMINA XXXI. DOS VIEJOS COMIENDO SOPAS.—Museo del Prado.—Oleo pasado de muro a lienzo. 0,53 por 0,85 m. Dentro del ciclo de las pinturas negras, ofrece, como los anteriores, los mismos rasgos en lo que a cronología y estilo se refiere. El tema muestra una visión descarnada de la vejez, con el anciano de la derecha prefigurando ya la idea de la muerte.

LÁMINA XXXII. LA LECHERA DE BURDEOS.—Museo del Prado.—Oleo sobre lienzo. 0,74 por 0,68 m. Una de las últimas obras realizadas por Goya y citada en una curiosa carta de Doña Leocadia Zorrilla fechada un año después de la muerte del artista. Sorprende la posición de la media figura, concebida como fragmento del personaje montado sobre un asno. Pero más interesante resulta el colorido realzado por los vibrantes toques de luz, anunciando nuevas técnicas en el octogenario pintor.

El Autor soñando.

28

GRABADO 2

3

GRABADO 4

GRABADO 5

GRABADO 6

GRABADO 8

GRABADO 10

Lo q. puede el Amor!

GRABADO 12

Mejor es morir

GRABADO 13

GRABADO 14

Assi suelen acabar los hombres vtiles

GRABADO 16

LAMINA I

LAMINAS II-III

LAMINA IV

LAMINA V

LAMINAS VIII-IX

LAMINAS X-XI

T. 1295

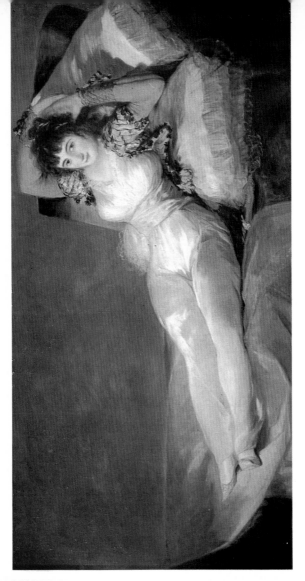

LAMINA XII

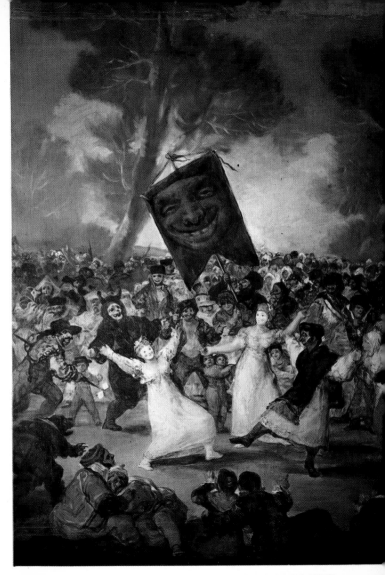

LAMINA XIII

LAMINA XIV

LAMINA XV.

LAMINA XVI

LAMINA XVII

LAMINA XVIII

LAMINA XIX

LAMINA XX

LAMINA XXI

LAMINAS XXII-XXIII

LAMINA XXIV

LAMINA XXV

LAMINAS XXVI-XXVII

LAMINA XXVIII

LAMINA XXIX

LAMINA XXX

LAMINA XXXI

LAMINA XXXII